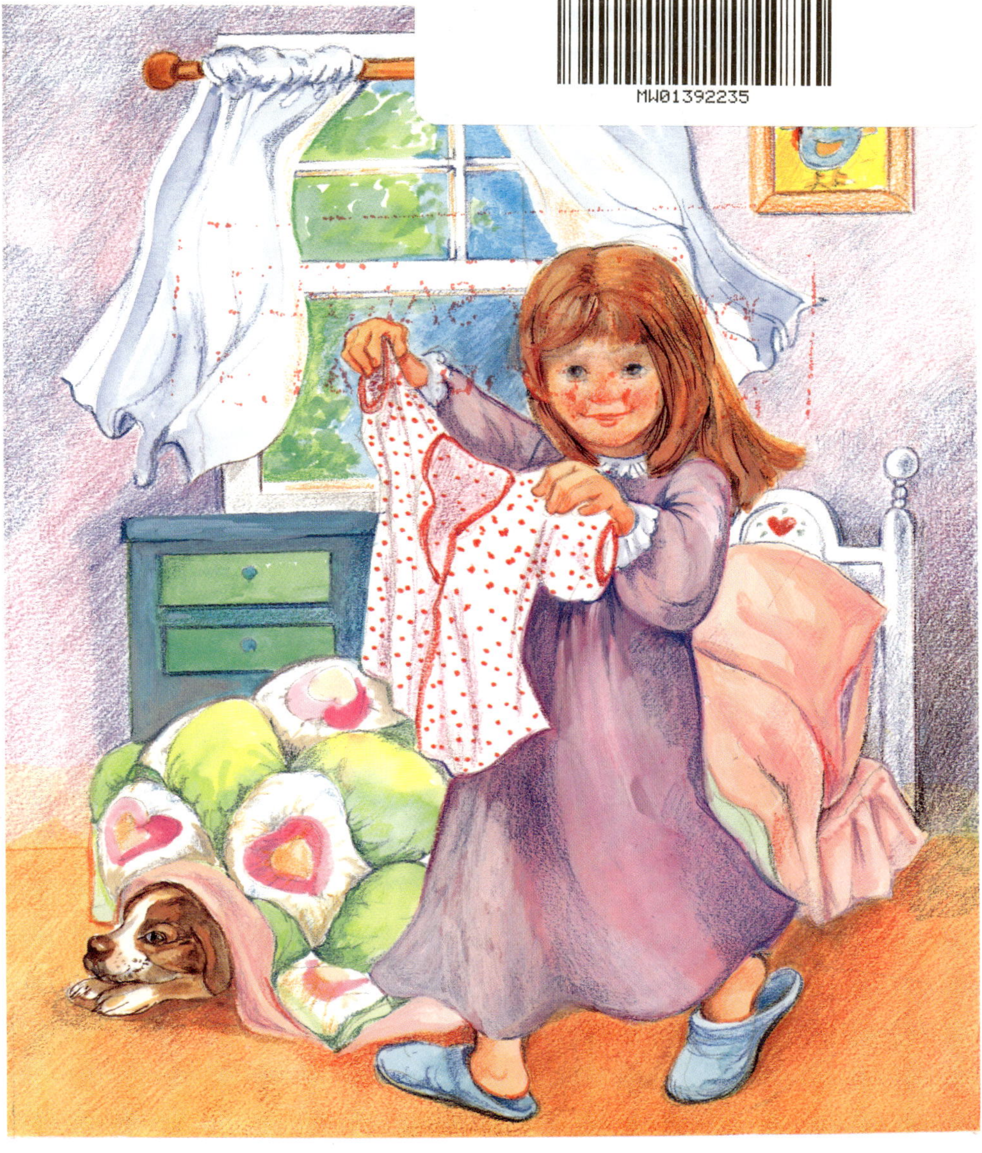

Una blusa

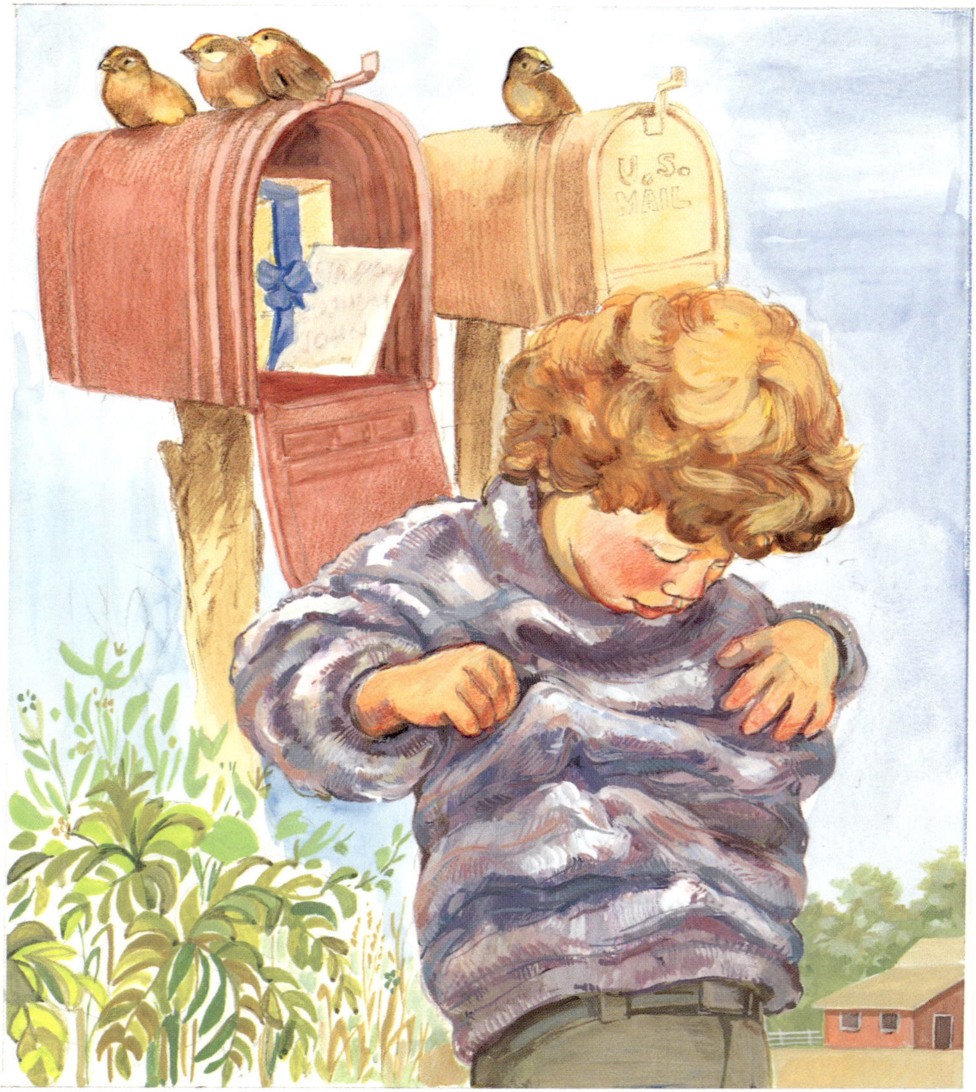

Un swéter

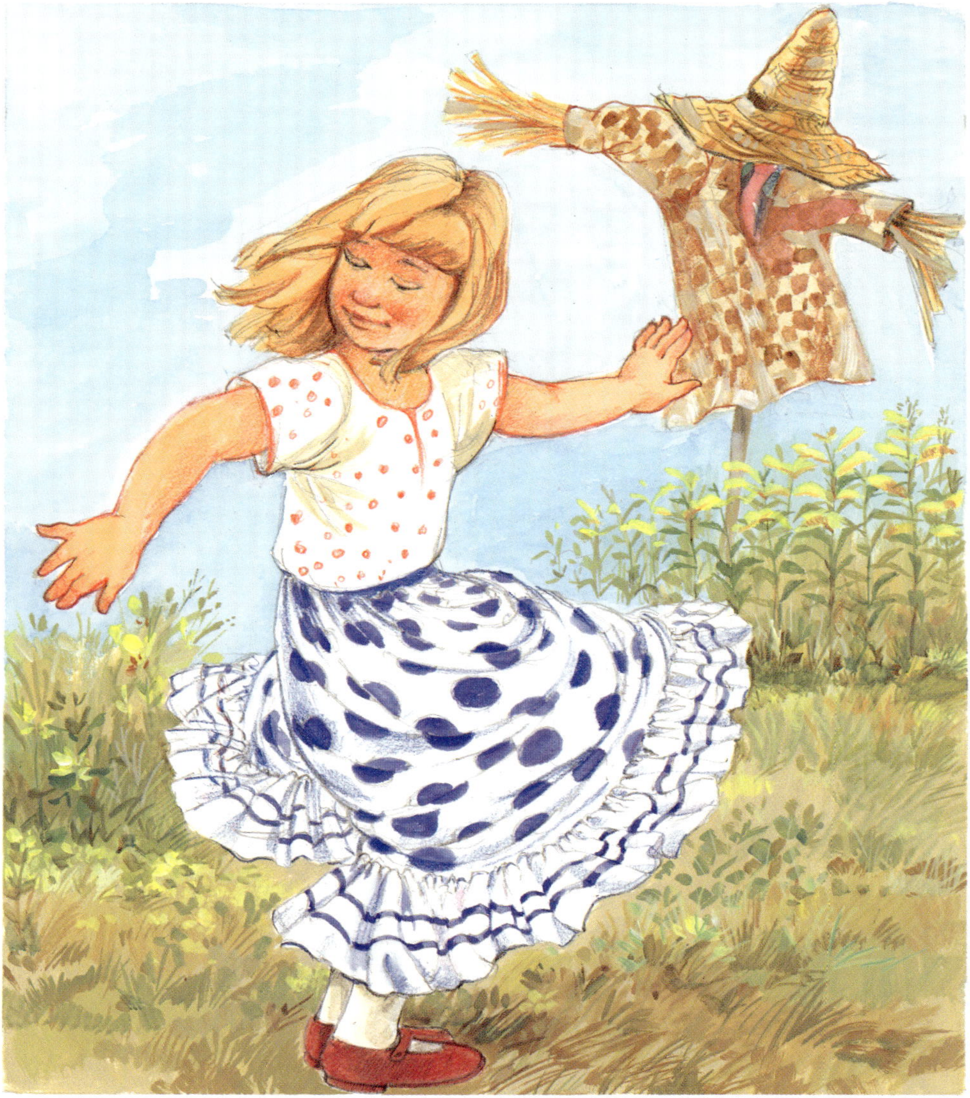

Una falda

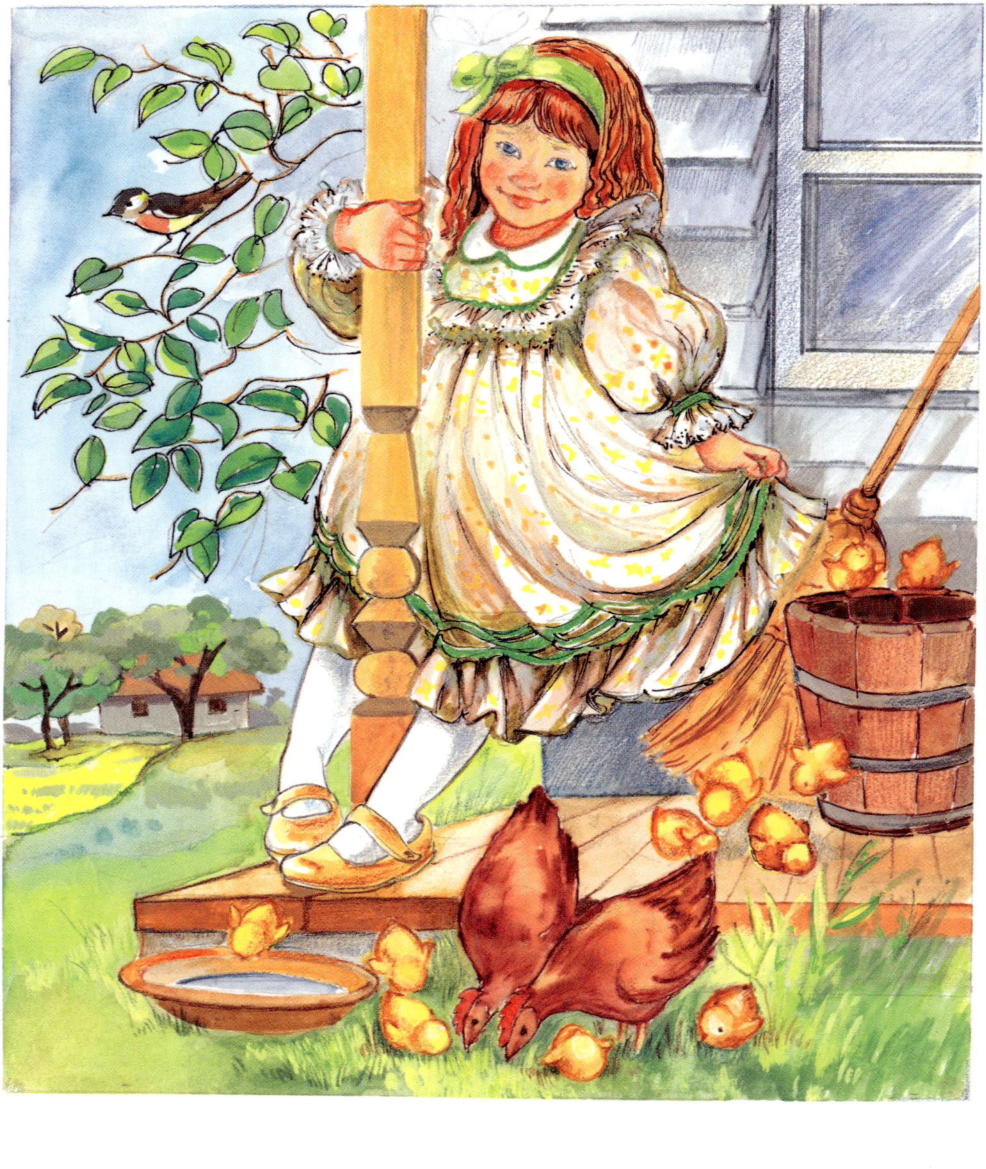

Un vestido

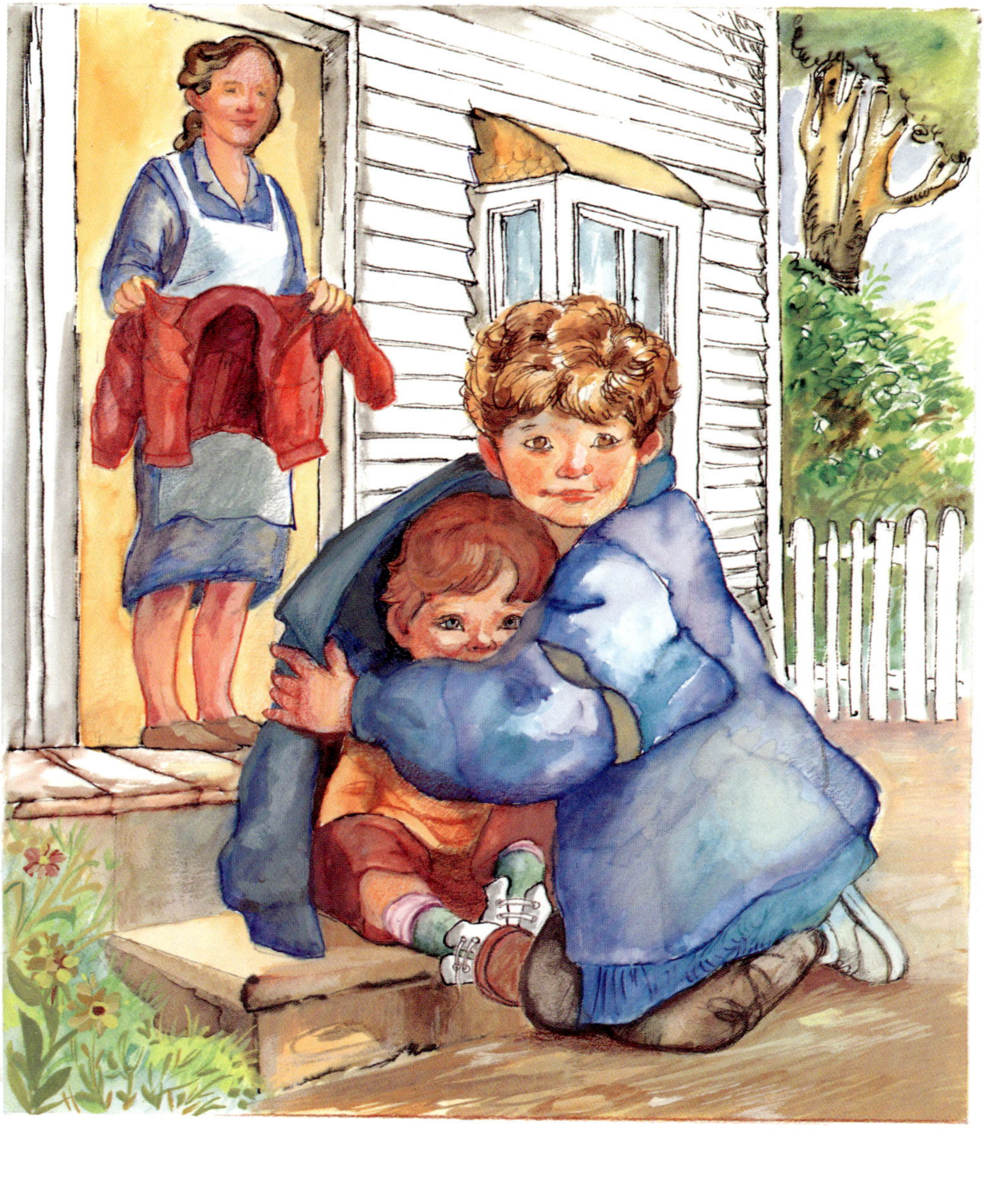

Una chaqueta.

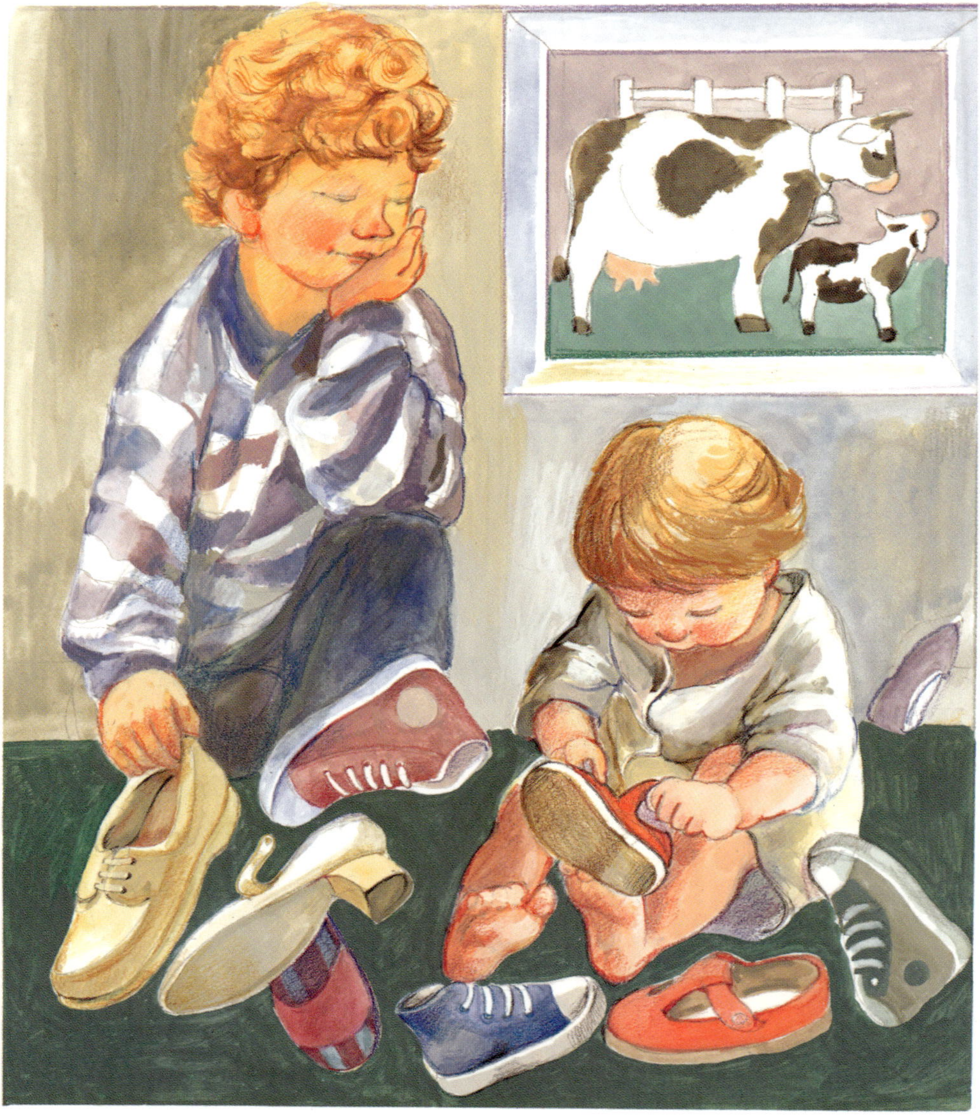

Los zapatos

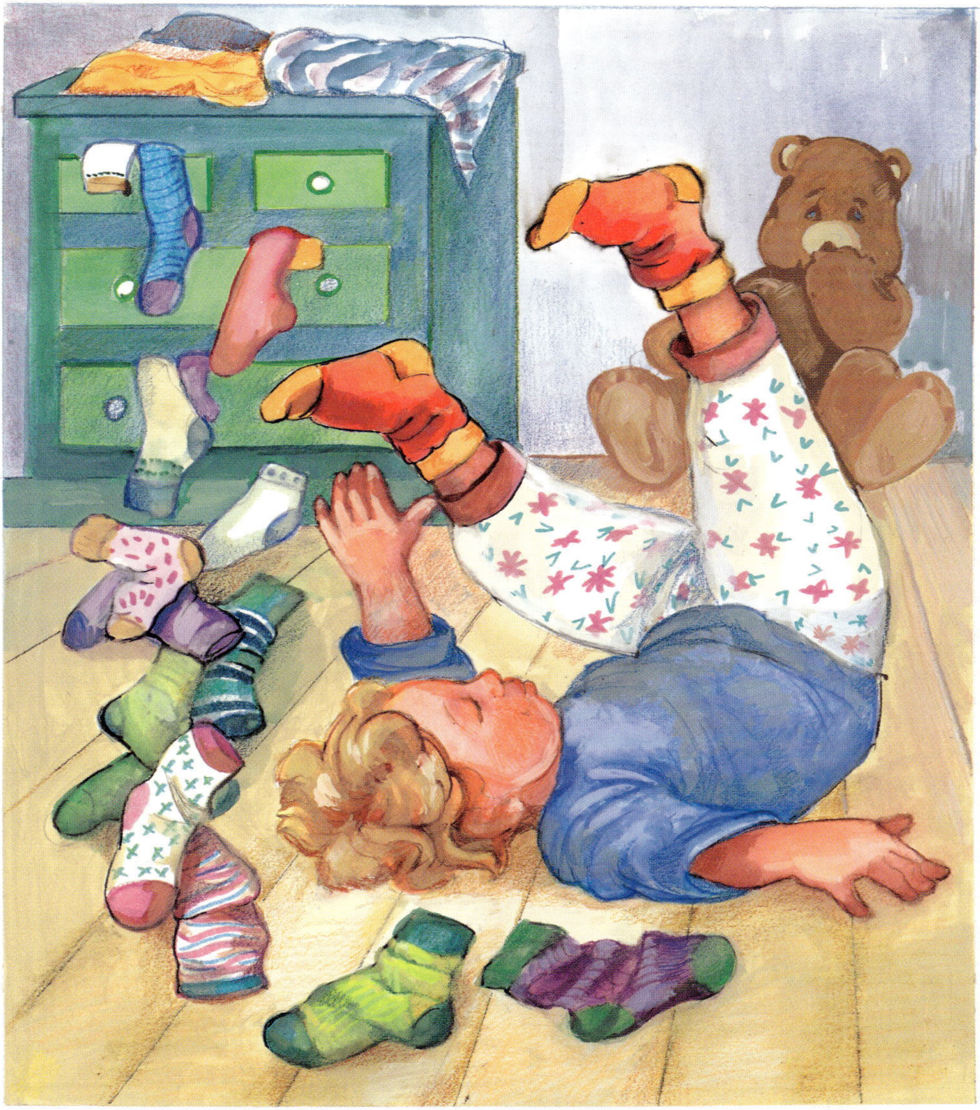

Los calcetines

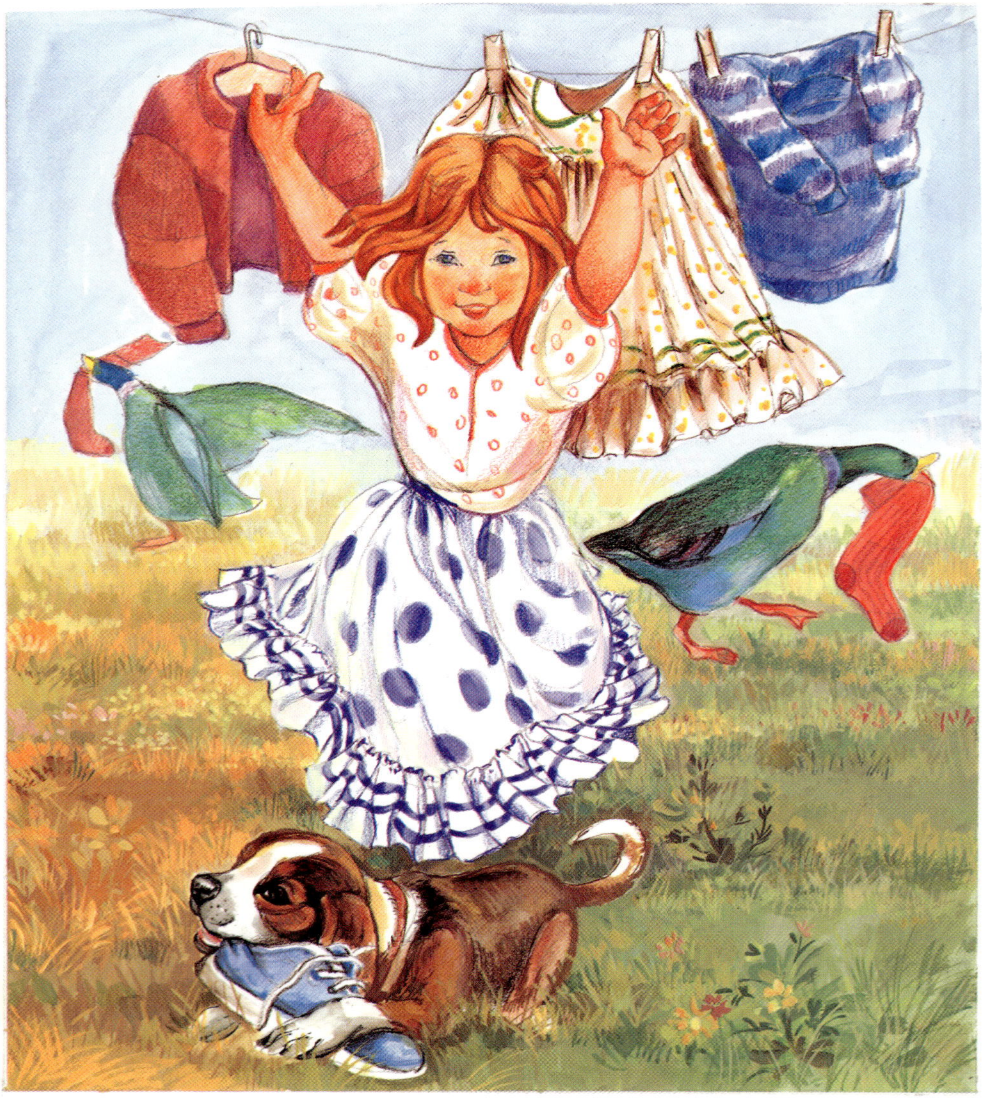

Mi ropa